감수 선생님의 글

어린이 여러분!
OX퀴즈 서바이벌 과학만화 3편에서 다시 만나게 되어 무척 반가워요.
앞서 1편과 2편을 읽은 친구들이라면 3편은 어떤 내용인지 궁금하겠죠?
이번 책은 우리들이 다른 무엇보다도 관심을 가져야 할 지구와 환경에 관한 내용입니다.

사람들은 아주 오랜 옛날부터 살아가는 데 필요한 모든 것을 자연에서 얻었어요. 쓰레기가 생기고 오염 물질이 있었지만, 자연 스스로 깨끗해질 수 있을 정도였지요. 그때는 오늘날처럼 사람들이 많이 살지 않았고 산업과 교통수단이 발달하지 않아서 환경 문제가 지금처럼 심각하지 않았거든요. 사람들이 도시에 모여 살면서 시작된 환경 문제는 급격한 산업화로 점점 심각해지기 시작했지만, 사람들은 자연을 마음대로 해도 되는 것으로 생각했어요. 결국 자연은 스스로 깨끗해지는 힘을 잃어 갔고 환경오염이 심각해지면서 그 피해가 사람들에게 고스란히 되돌아왔지요. 그 가까운 예로 여러분은 아침마다 미세먼지 농도를 확인하고 마스크는 챙겨야 하는 시대에 살고 있으니까요.

환경 위기 시계를 아시나요?

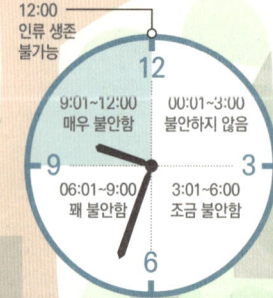

환경 위기 시계는 환경 파괴로 인해 인류가 멸망에 얼마만큼 가까워졌는지를 시간으로 나타낸 것으로, 처음 환경재단에서 조사했던 1992년에는 7시 49분, 2016년 9시 31분, 2017년은 9시 33분으로 시계가 점점 빨라지고 있답니다.
모두가 환경 문제에 관심을 두지 않고 지금처럼 편리하고 풍족하게 살아가기 위해 자연환경을 함부로 이용한다면 환경 위기 시계가 12시에 더 일찍 도착하겠죠?

하지만 늦지 않았어요. 《OX퀴즈 서바이벌 100 신기한 과학이야기 3》을 읽으면서 어린이 여러분도 환경 문제에 지금보다 더 많은 관심을 가지고 우리가 실천할 수 있는 것부터 한 가지씩 실천한다면 환경 위기 시계를 거꾸로 돌릴 수도 있을 거예요.

회룡초등학교 교사 전순옥

펴낸이의 글

1분 동안 숨을 쉬지 말고 참아볼까요?
매우 힘들죠? 1분이면 매우 짧은 시간인데, 1분 참는 것도 이렇게 힘이 듭니다.
그렇다면 5분, 10분, 아니 1시간 정도 공기가 없어진다고 상상해보면 어떨까요?
아마 사람이나 동물 대부분이 살아남지 못할 것 같네요.
그동안 공기의 소중함을 잘 모르고 살아왔지만, 잠시라도 없으면 큰일 나는 게 공기죠.

이 소중한 공기가 미세먼지로 오염되고 있어 심각한 사회문제가 되고 있는데요.
미세먼지에 들어있는 1급 발암물질 등이 인체의 폐에 들어가면서 심각한 건강문제를
일으킬 수 있다고 해요.

원래 황사나 미세먼지는 봄철에 일시적으로 발생하는 현상이었는데,
환경오염이 심해지면서 1년 중 발생빈도가 점점 높아지고 있어요.
이제는 아빠 세대에는 없었던 공기청정기가 TV, 냉장고, 세탁기처럼 필수 가전이
되고 있고요. 밖에 나갈 때 마스크를 착용하는 게 어색하지 않은 시대에 살고 있어요.
이러다 밖에 나갈 때마다 방독면을 써야 하는 날이 올까 걱정이에요.

산업과 교통이 발달하면서 삶의 질이 높아지고 빠르고 편리한 생활을 할 수 있게 되었지만,
그 부작용으로 환경이 오염되면서 우리의 건강이 위협당하고
동식물과 지구가 함께 고통스러워하게 되었어요.
하지만 너무 걱정하지는 말아요. 환경이 더 심각하게 오염되는 것을 막기 위해
국제 환경기구와 각종 환경단체가 환경보전과 환경오염을 방지하기 위해 노력하고 있어요.
우리 정부 기관에도 환경부가 그 역할을 담당하고 있답니다.
또한, 자연은 스스로 환경 오염물질을 정화하는 능력인 '자정작용'을 하므로
우리가 모두 일회용품 사용량을 줄이고 쓰레기 배출량을 줄이는 등의 노력을 한다면
자연의 자정작용과 함께 지구는 지금보다 더 깨끗하고 건강해질 수 있으니까요.

《OX퀴즈 서바이벌 100 신기한 과학이야기 3》은 게임에 등장하는 인기 캐릭터들의 재미있고
유익한 환경 이야기를 담고 있어요. 이 책을 통해 우리 생활에 물, 공기, 토양이 얼마나 소중하고
중요한가를 깨닫고 아름다운 지구를 영원히 지키기 위해 우리가 어떤 노력을 해야 할지 확실히 알고
실천할 수 있는 어린이가 될 수 있기를 바라요.

버즈파우더(주) 대표 박진우

OX맨
승부욕이 강해
무슨 일에든 도전하는 걸
좋아함
OX걸과 짝꿍

용병
전투를 즐김
힘든 일은 도맡아서
하는 스타일

OX걸
평소엔 얌전하고
조용한 성격이지만
화가 나면 까칠해짐
OX맨과 짝꿍

로봇짱
정체불명의 로봇
생각을 읽을 수 없음

나미
메가-Z의 파일럿!
평소엔 평범한 학생
말괄량이 스타일

레드
누군가 위험에 처하면
달려가 도움을 줌

메가-Z
지구 방위를 위해
탄생한 메가-Z
하지만 아직까진
평화로운 지구

캡틴
우리의 영원한 캡틴!
무슨 일이 생기면
항상 먼저 나서서
진두지휘함

닌자
부끄러움을 많이 탐
남들 시선을 피해
은신해서 다님

햄토르
천둥의 햄토르!
작지만 매우 강하고
전투를 즐긴다.

좀비
아무 생각이 없음
멍때리면서 산책하기를
좋아함

용용이
경계심이 많지만
친한 사람에게는
애교도 부림

선녀
하계에 내려왔다가
나무꾼을 만남
여린 마음에 나무꾼만을
두고 가지 못해 하계에
남아 생활을 함

다크나이트
용맹함
불같은 성격

마법사
온화한 성격
마을 아이들을 좋아해서
마법으로 아이들을
즐겁게 해주는 걸 좋아함

에일리언
호기심이 많음
우주여행 중 우주인을
만나 함께 다님

바이킹
바다 건너 새로운 땅을
찾아 떠남
모험심이 강함
터프함

우주인
우주비행선의 고장으로
표류중 에일리언을
만나 도움을 받은 인연
으로 친구가 됨

슬라임
온몸이 액체로 되어 있어
어떠한 모양으로도 변형
가능

뱃살공주
사과를 너무 좋아해서
항상 사과를 들고
다니면서 먹음
그로 인해 과체중이 됨
항상 다이어트 중

소시지
캠핑장에서 구워지기 전 탈출함
항상 허둥지둥하고 실수가 많음

잭
어둠을 무서워하는 사람에게 자신을 밝혀 빛이 되어줌
도움 주기를 좋아함

Dr. F
미친 과학자
항상 엉뚱한 실험을 많이 함
프랑켄의 창조자

사신
언제나 사람들과 친해지고 싶어해 마을을 배회하지만 정작 사람들은 외모 때문에 무서워함
그래서 늘 외로움

프랑켄
외모와는 다르게 매우 여리고 착함
꽃과 동물을 좋아함

뱀파이어
차가운 외모지만 속은 따뜻하고 정이 많음

꼬마마녀
귀여운 꼬마마녀
밤하늘이 좋아 빗자루를 타고 하늘을 날아다니는 것을 즐김

늑대인간
사람을 좋아하지만 외모 컴플렉스 때문에 선뜻 앞에 나서지 못함
항상 외로워 보름달이 뜬 밤이면 밤새 움

미라
자신을 들어내기 싫어 온몸에 붕대를 감고 다님
붕대 안의 모습은 아무도 본 사람이 없음

몬스터
앞뒤 안 가리는 불같은 성격
뭐든 일단 저지르고 봄

시바견
충성심이 강함
남의 말을 잘 들어 줌

사막여우
조심성이 많아
모습을 잘 드러내지 않음
숨어서 잘 지켜봄

거부기
토끼와 달리기 경주 중
길을 잃음
성실함
긍정적임

떡방토끼
지루한 달 생활에 지쳐
여행을 떠남
항상 가만히 있지를 못함

어흥이
용감무쌍
친구들을 잘 챙김

레서판다
장난기가 많고
온순함

MC 판다
힙합을 좋아하고
랩을 잘함
스냅백과 금목걸이는
트레이드 마크

냥이
애교가 많음
호기심이 많음

꽥꽥이
미운 오리가 그리워
찾아 떠남
물 위에 떠다니며 경치를
즐기는 걸 좋아함

찐빵맨
요리하는 것을 좋아함
엄청 달고 맛있는 팥이
있다는 소문을 듣고
찾아 떠남

아이돌-D
남자 아이돌
조용하고 얌전함

엄마몬
잔소리 많음
불같은 성격
전형적인 엄마 스타일

아이돌-i
여자 아이돌
밝은 성격
수다 떠는 걸 좋아함

아빠짱
이해심이 많으며
항상 밝고 상냥하다

강민(츤데레)
바비의 오빠
츤데레 스타일
바비와 항상 티격태격
하면서도 많이 챙겨줌

베이비
매우 똑똑한 아이
태어난 지 얼마 안 돼서
걷기 시작하고 말을 함

바비
까칠함
외모에 신경을 많이 씀
인기가 많음

선생님
해박하고 열정적임
스타 강사이며 따르는
제자가 많음

대통령
모든 사람의 말을
잘 들어줌
이해심이 많음

플레이어
게임 속 도트 캐릭터
수동적임
주어진 임무에 충실함

피겨퀸
동계 올림픽의 꽃!
섬세한 연기와 화려한
스핀은 감동 그 자체!

산타짱
아이들에게 인기 짱!
요즘 살이 찐 탓에
조금 힘겨워 보인다

아이스하키맨
동계 올림픽의 영웅!
화려한 퍽 컨트롤과
정확하고 빠른 슈팅은
막아내기가 쉽지 않다

루돌푸
반짝반짝 빛나는 코로
어두운 밤길을 밝히며
산타의 썰매를 끈다

바스켓맨
힘과 스피드, 화려한
스킬까지…!!
그의 농구는 감동이며
경이롭기까지 함

페르세우스
메두사를 처치한 영웅!
매우 용감하여 그에겐
후퇴란 없다!

도넛맨
알록달록한 머리 장식과
화려한 패션으로 자신을
꾸미는 걸 좋아한다

샤샤샥
고독한 미식가!
새로운 맛을 찾기 위해
바다를 떠나 육지까지
올라오게 되는데…

몽몽
귀엽고 애교가 많으며
반짝반짝 애틋한 눈빛
으로 사람들의 마음을
녹임

디노
오랫동안 빙하에 갇혀
있던 알에서 태어난 공룡!
단순하고 호기심이
많으며 밝고 쾌활함

찾아보기

- **1화** 공기 정화 식물 키우기는 공기 정화에 별 도움이 되지 않는다? / 14
- **2화** 지구에 있는 공기 중 가장 많은 비중을 차지하는 기체는 산소다? / 20
- **3화** 온실효과가 없다면 지구는 인간이 살 수 없는 차가운 행성으로 변한다? / 26
- **4화** 지난 100년 사이에 지표면 대기의 평균기온은 낮아졌다? / 32
- **5화** 미세먼지 심한 날에도 창문을 열어 환기를 해도 된다? / 38
- **6화** 남산타워는 미세먼지 농도에 따라 색깔이 바뀐다? / 44
- **7화** 먼지가 없으면 가물고 메마른 날이 계속된다? / 50
- **8화** 지구상에는 우리가 먹을 수 있는 물의 양이 아주 적다? / 56
- **9화** 산성비는 직접 맞지 않으면 별다른 피해가 없다? / 62
- **10화** 녹조는 수질오염의 원인이기도 하고 결과이기도 하다? / 68
- **11화** 수질오염의 가장 큰 원인은 산업폐수다? / 74
- **12화** 사람은 일주일 이상 물을 마시지 않으면 생존이 어렵다? / 80

- 13화 꿀벌이 멸종하면 세계적인 식량난이 생긴다? / 86
- 14화 나무도 나이가 들면 이산화탄소 흡수력이 점점 줄어든다? / 92
- 15화 수은이 축적된 어류를 섭취하면 수은 중독에 걸릴 수 있다? / 98
- 16화 나뭇잎이 영양분을 만들 때 산소도 만들어진다? / 104
- 17화 환경호르몬은 인체에 유익한 호르몬이다? / 110
- 18화 소나무 한 그루는 1년에 3kg 이상의 탄소를 제거할 수 있다? / 116
- 19화 우리나라는 원자력 발전소에서 가장 많은 전기를 만들어낸다? / 122
- 20화 원자력 발전은 방사성 물질로만 가능하다? / 128
- 21화 태양광과 태양열은 같은 것이다? / 134
- 22화 음식물 쓰레기는 재활용이 불가능하다? / 140
- 23화 우리나라는 쓰레기 재활용률이 높은 나라다? / 146
- 24화 일회용품을 많이 쓸수록 환경보존에 도움이 된다? / 152

OX 잠깐퀴즈

1화

공기 정화 식물 키우기는 공기 정화에 별 도움이 되지 않는다?

미세먼지가 심한 봄철이나 추운 겨울철에는 문을 열어 집 안을 환기시키기 어려워 실내공기가 탁해지기 쉽습니다. 공기가 탁해지면 호흡기 질환에 걸리기 쉬우며 오염이 심하면 집먼지 진드기 등이 번식할 수 있습니다. 이때 공기 정화 식물을 키우면 실내 분위기를 생기 있게 만들 뿐 아니라 실내 공기 정화에 도움이 될 수 있습니다. 유해성 물질을 제거하고 하루 동안 1리터의 수분을 내뿜어 가습기 역할도 톡톡히 하는 아레카야자, 암모니아 가스를 잘 흡수하는 관음죽, 먼지 제거 효과가 탁월한 행운목, 습기와 냄새 제거에 좋은 스파티필룸, 이산화탄소 흡수에 뛰어난 산세비에리아 등 다양한 정화 효과를 가진 식물들이 있습니다.

① 실내 식물은 가습기 역할을 한다?

② 공기 정화 식물을 키우면 환기를 시키지 않아도 된다?

③ 미국항공우주국(NASA)도 공기 정화 식물을 연구한다?

④ 식물의 향은 항균 효과가 있다?

① 식물은 뿌리를 통해 빨아올린 수분을 잎을 통해 내뿜는 증산작용을 합니다. 식물의 종류와 크기에 따라 다르지만 대체로 흡수한 물의 조절에 도움이 됩니다. (O)
② 공기 정화 식물은 공기 중의 이산화탄소나 포름알데히드 등 유해 물질을 흡수하지만, 환기를 시키지 않으면 실내 산소량이 부족해 집중력이 떨어지고 두통 등 건강에 좋지 않습니다. (X)
③ 미국의 항공우주국 NASA는 밀폐된 우주선 가족원들의 생활환경을 개선하기 위해 공기 정화에 효과적인 식물을 연구하였습니다. 공기 정화에 좋은 식물 10가지를 발표하기도 했습니다. (O)
④ 식물의 향은 공기 중에 떠다니는 박테리아나 곰팡이균을 죽이는 살균효과가 있습니다. 피톤치드가 대표적이며, 피톤치드는 주로 소나무, 편백나무 등 침엽수에서 많이 나옵니다. (O)

OX 잠깐퀴즈

2화

지구에 있는 공기 중 가장 많은 비중을 차지하는 기체는 산소다?

지구 대기를 이루고 있는 공기는 지구의 모든 동식물이 숨을 쉬는 데 꼭 필요한 산소를 포함하고 있을 뿐만 아니라 생물이 살아가는 데 필요한 환경을 제공하는 역할을 합니다. 공기가 있기 때문에 태양에서 나오는 빛과 열이 알맞은 만큼만 지표면에 도달하고 우주에서 날아오는 운석 등의 물체로부터 보호받을 수 있으며 소리를 듣고 냄새를 맡을 수 있습니다. 공기는 여러 기체의 혼합물로, 질소 78%와 산소 21%가 포함되어 있고 나머지 1%는 아르곤, 이산화탄소, 네온, 오존 등 다양한 기체로 구성되어 있습니다.

① 지구의 대기는 고도가 높아져도 기온이 일정하다?

② 지구 공기의 99%는 표면으로부터 30km 안에 모여 있다?

③ 산소는 우주에서 가장 많은 원소이다?

④ 식물도 산소를 마시고 이산화탄소를 배출하는 호흡을 한다?

① 지구의 대기는 고도에 따라 특색에 따라 대류권, 성층권, 중간권, 열권으로 나누어지며 기온이 달라지기 때문에 고도의 높낮이에 따라 공기의 온도는 달라집니다. (X)
② 지구 대기의 두께는 1,000km까지 펼쳐져있지만 지표면으로부터 30km 안에 지구 공기의 99%가 모여 있습니다. (O)
③ 산소는 수소보다 훨씬 무거워 세 번째로 많은 원소로 꼽힙니다. (X)
④ 식물은 광합성을 통해 자연적인 에너지를 생성하기 위해 이산화탄소를 사용하고 있으며, 호흡을 할 때에는 동물과 같이 산소를 마시고 이산화탄소를 배출합니다. (O)

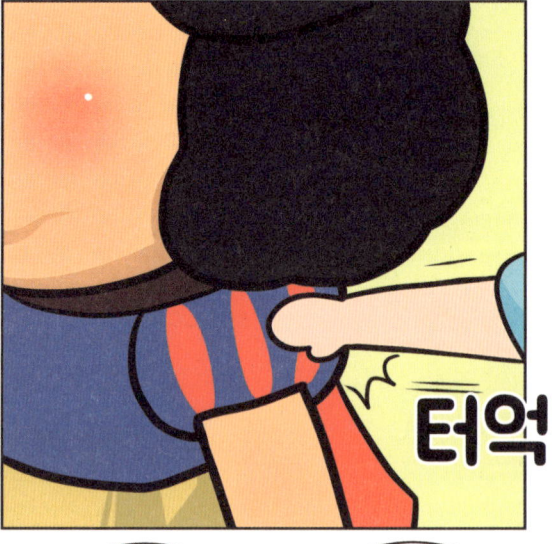

OX 잠깐퀴즈

3화 온실효과가 없다면 지구는 인간이 살 수 없는 차가운 행성으로 변한다?

태양에서 오는 빛에너지는 지표면에 반사되어 밖으로 방출됩니다. 이때 대기 중 온실가스가 우주로 방출되는 에너지의 일부를 흡수하여 지구의 온도가 일정하게 유지되는데, 이를 온실효과라고 합니다. 지구의 대기에 의한 온실효과가 없다면 지구는 태양에서 받는 빛에너지를 그대로 다시 방출하여 평균기온이 약 -18℃까지 떨어지게 됩니다. 현재 지구의 평균기온이 약 15℃이므로 온실효과로 인해 약 33℃의 온도 차이가 생기는 셈입니다.

① 이산화탄소는 온실가스이다?

② 다른 행성에서는 온실효과가 나타나지 않는다?

③ 달의 평균 기온은 약 -18℃이다?

④ 지구의 대기는 태양에서 오는 빛에너지를 흡수한다?

① 이산화탄소는 대표적인 온실가스입니다. 온실가스로는 이산화탄소 외에 메탄, 수증기, 이산화질소, 프레온가스 등이 있습니다. (O)
② 금성의 대기는 96%가 이산화탄소로 가득하여 태양에너지를 대기가 빠져나가지 못해 표면 온도가 공기 420℃입니다. (X)
③ 태양으로부터 지구와 비슷한 거리에 있지만 대기가 존재하지 않는 달은 온실효과가 나타나지 않습니다. 달의 평균 기온은 약 -18℃입니다. (O)
④ 태양에너지는 지구의 대기를 통과하여 지표면에 도달합니다. 지표면에 도달한 태양에너지의 일부는 다시 우주로 방출되는데 이때 대기가 빠져나가는 에너지를 흡수합니다.
온실효과는 발생합니다. (X)

4화. 지난 100년 사이에 지표면 대기의 평균기온은 낮아졌다?

올해도 어김없이 일찌감치 크리스마스를 준비하던 산타짱과 루돌품.

올해엔 아이들이 어떤 편지를 보냈어요, 산타짱?

후후, 올해도 갖고 싶은 선물과 소원을 잔뜩 적어 보냈지.

흠? 요샌 지구온난화 때문에 오히려 더 더워지고 있는 게 아니었나요?

이것 보세요. 19세기 말에 작성된 지구 온도 기록을 보면 지표면 평균 온도는 지난 100년 동안 0.8도나 높아졌다고 해요.

'지표면 대기의 평균 기온 또 높아져…'

그런데 왜 겨울이 점점 더 추워진다고 느낀 걸까요?

오들 오들

네 말대로 지구 표면 대기의 평균 기온은 점점 높아지고 있어. 하지만 겨울이 추워진 것도 사실이야.

OX 잠깐퀴즈

4화

지난 100년 사이에 지표면 대기의 평균기온은 낮아졌다?

온실효과를 일으키는 온실가스가 대기 중에 너무 많아져서 지구의 온도가 점점 올라가는 현상을 지구온난화라고 합니다. 우리나라의 평균 기온은 지난 100년간 1.7℃가 증가했으며, 전 세계적으로 약 0.8℃가 높아졌습니다. 온실가스 증가는 석탄이나 석유 같은 화석 연료를 사용할 때 나오는 이산화탄소가 대표적인 원인으로 꼽힙니다. 지구온난화는 지구의 이상 기후를 초래해서 기록적인 무더위나 강추위가 닥치기도 하고 한꺼번에 많은 양의 눈이나 비가 내리거나 강력한 태풍이 연이어 발생하는 등 다양한 기상 이변이 나타나고 있습니다.

① 온실가스 중 이산화탄소가 지구온난화 지수가 가장 높다?

② 지구온난화로 물에 잠기는 나라가 있다?

③ 지구의 기온이 오르는 것은 처음 있는 일이다?

④ 멸종된 동물들이 지구온난화를 가속화한다?

---

① 풍부한 양이 많은 이산화탄소는 지구온난화에 가장 큰 영향을 끼칩니다. 이산화탄소를 비롯한 6가지 온실가스 중 지구온난화 지수가 가장 높은 것은 이산화황으로 이산화탄소의 약 2만 3,900배의 영향을 끼치기 때문에 가장 큰 영향을 끼치는 온실가스의 양이 이산화탄소이기 때문에 대기 중에 이산화탄소의 양이 가장 많기 때문에 지구온난화에 가장 큰 영향을 끼치는 것입니다. (X)

② 지구온난화의 영향으로 북극과 남극의 얼음이 녹아 해수면이 지속적으로 상승하고 있습니다. 투발루, 몰디브 등 해발고도가 낮은 섬나라들은 머지않은 미래에 바닷물에 잠길 위기에 놓여 있습니다. (O)

③ 지구의 평균 기온은 약 400~500년을 주기로 1.5℃의 편차를 보이며 상승과 하강을 반복해왔습니다. 단, 현재 인위적인 원인으로 온실가스 증가가 가속화되고 있는 것이 문제입니다. (X)

④ 지구상에서 많은 동물들이 멸종 위기에 처해 있고 매년 수 많은 동물들이 실제로 멸종되어 버리는데 그 이후 많이 탄소가 있다고 합니다. 빙하기가 도래하여 매년 이산화탄소 배출 대기 중의 탄소 농도가 약 7,300톤 증가하고, 사체 내의 탄소의 양이 약 5,000톤씩 타도 탄소가 매우 감소되어 있습니다. (O)

OX 잠깐퀴즈

5화

미세먼지 심한 날에도 창문을 열어 환기를 해도 된다?

미세먼지는 눈에 보이지 않을 정도로 작은 먼지로 일반 먼지와 같이 코를 통해서 걸러지지 않고 몸속까지 스며들어 각종 질병을 유발합니다. 대기의 미세먼지가 심할 때에는 외부의 미세먼지가 실내로 들어오지 않도록 차단하는 것이 중요합니다. 단, 문을 닫고만 지내면 오히려 실내의 미세먼지 농도가 더 높아질 수 있습니다. 특히 음식을 만들거나 청소를 한 이후에는 실내 미세먼지 농도가 평소의 몇십 배까지 증가할 수 있어 반드시 환기가 필요합니다. 이럴 때는 실외 미세먼지 농도가 높은 이른 새벽과 저녁 시간을 피해 하루 세 번 30분씩 창문을 열어 실내 공기를 환기해주는 것이 좋습니다.

① 미세먼지와 황사는 다르다?

② 삼겹살을 먹어 기관지의 미세먼지를 씻어낼 수 있다?

③ 마스크는 세탁해서 재사용해도 된다?

④ 미세먼지는 암을 일으킬 수 있다?

① 미세먼지는 주로 중국에서 날아오는 황사나 공장의 매연, 자동차 배기가스 등으로 발생하며 미세먼지보다 크기가 훨씬 작아 호흡기에 더 깊숙이 침투할 수 있습니다. (O)
② 삼겹살의 기름이 미세먼지를 씻어내지는 않습니다. (X)
③ 마스크를 세탁하게 되면 마스크의 내부의 미세먼지 차단 필터가 제 기능을 하지 못하게 됩니다. (X)
④ 미세먼지는 발암물질로, 폐암뿐만 아니라 이른바 '몸속의 모든 장기'에 암을 유발할 수 있습니다. (O)

남산타워는 미세먼지 농도에 따라 색깔이 바뀐다?

미세먼지는 짧은 시간 동안 노출되어도 건강에 매우 해롭기 때문에 미세먼지가 심한 봄철에는 매일매일 미세먼지 농도를 확인하고 대비하는 것이 중요합니다. 환경부에서는 미세먼지 등 대기오염으로 인한 피해를 최소화하기 위해 하루에 네 번씩 미세먼지의 농도를 예측하여 좋음, 보통, 나쁨, 매우나쁨의 4단계로 나누어 예보하고 있습니다. 또 실시간 미세먼지의 농도가 심할 때는 주의보, 매우 위험할 때에는 경보를 발령합니다. 서울시에서는 시민들이 야외활동 중에 공기의 질을 쉽게 확인할 수 있도록 남산타워의 조명을 활용하고 있습니다. 남산타워가 파란색을 띠면 공기가 좋음, 초록색을 띠면 보통, 빨간색을 띠면 나쁨을 뜻합니다.

① 미세먼지가 심한 날 렌즈를 착용하는 것이 좋다?

② 미세먼지가 심한 날 긴소매 옷을 입는 것이 좋다?

③ 미세먼지가 심한 날 물을 많이 마셔야 한다?

④ 미세먼지가 심한 날 미역국을 먹는 것이 좋다?

① 눈도 몸의 일부이므로 렌즈보다는 안경을 착용하여 먼지로부터 보호하는 것이 좋습니다. (X)
② 미세먼지가 피부에 직접 닿지 않도록 긴소매 옷을 입는 것이 좋습니다. (O)
③ 물을 충분하게 마시면 호흡기도 편안해지고 몸에서 유해 물질을 내보내는 데 도움이 됩니다. 하루 8잔 이상 마시는 것이 좋습니다. (O)
④ 미역, 다시마, 김과 같은 해조류는 몸속의 미세먼지나 중금속 등을 배출하는 데 효과가 있습니다. 녹차도 노폐물 배출에 도움이 됩니다. (O)
⑤ 외출 후 돌아와 손과 얼굴을 깨끗이 씻는 것은 미세먼지 제거에 도움이 됩니다. (O)

7화 먼지가 없으면 가물고 메마른 날이 계속된다?

공기 중에 먼지가 없다면 구름이 잘 만들어지지 않습니다. 구름은 지표면에서 증발한 수증기가 상공에서 작은 물방울이나 얼음 알갱이로 응결되어 떠 있는 것인데 공기 중에 수증기만으로는 쉽게 응결이 되지 않기 때문입니다. 이때 공기 중에 떠돌아다니는 작은 먼지들은 수증기를 흡수하는 성질이 있어 주변의 수증기를 모아서 쉽게 응결되도록 돕는 역할을 합니다. 한편 구름은 물방울과 얼음 알갱이로 구성되었기 때문에 일반 공기보다 무겁기 때문에 서서히 아래로 떨어지고 있습니다. 다만 공기의 저항으로 아주 느리게 떨어질 뿐입니다. 그러다 구름 입자들이 커지면 물방울이 되어 빠른 속도로 낙하하게 되어 비가 내리는 것입니다.

① 구름은 수증기가 많이 모일수록 하얀색이 된다?

② 인공적으로 비를 내리게 할 수 있다?

③ 구름도 모양에 따라 종류가 있다?

④ 공기가 상승할 때 구름이 만들어진다?

① 구름이 하얀색인 이유는 구름을 이루고 있는 물방울이나 얼음 알갱이가 태양의 모든 빛을 반사하기 때문입니다. 수증기가 많이 모일수록 구름이 두꺼워져 햇빛을 통과시키지 못해 검은색을 띠게 됩니다. (X)

② 먼지 같은 응결핵을 사용하여 인공적으로 수증기를 응결시켜 인공강우를 만들 수 있습니다. (O)

③ 구름은 모양에 따라 새털구름(권운), 새털층구름(권층운), 높쌘구름(고적운), 높층구름(고층운), 층쌘구름(층적운), 층구름(층운), 비층구름(난층운), 쌘구름(적운), 쌘비구름(적란운)이 있습니다. (O)

④ 공기가 상승할 때 단열팽창하면서 기온이 낮아지고, 낮아진 기온으로 인해 수증기가 응결되어 구름이 만들어집니다. (O)

8화. 지구상에는 우리가 먹을 수 있는 물의 양이 아주 적다?

맑은 하늘과 새소리가 들리는 이곳은…

으음… 눈부셔… 응…?

여, 여기는?!

벌떡

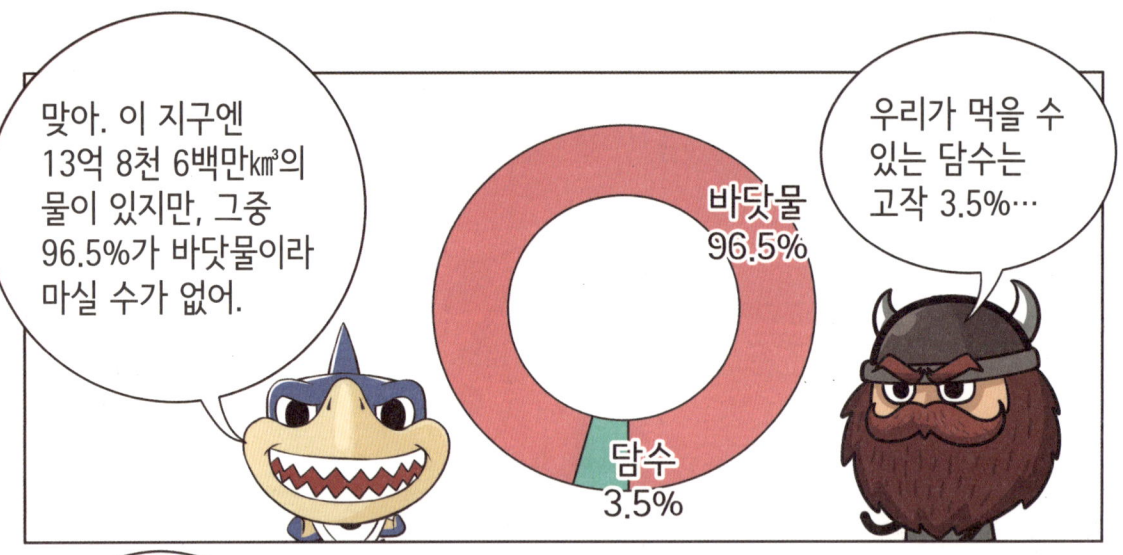

OX 잠깐퀴즈

8화

지구상에는 우리가 먹을 수 있는 물의 양이 아주 적다?

지구상에는 약 14억㎦의 물이 있습니다. 지구 표면을 약 2.7km 깊이로 덮을 수 있는 어마어마한 양입니다. 그러나 이 물의 97.5%은 마실 수도 없고 자원으로 사용하기도 어려운 바닷물입니다. 사람이 마시고 사용할 수 있는 물은 나머지 2.5%의 담수입니다. 이것만 해도 지구 표면을 약 70m 깊이로 덮을 수 있는 많은 양입니다. 그러나 담수의 69.55%는 빙하와 만년설, 30.06%는 지하수로서 사용하기 어렵습니다. 결국 우리가 사용할 수 있는 호수나 하천의 물은 전체 담수 가운데 0.39%에 불과합니다. 즉 우리가 사용할 수 있는 물의 양은 지구 전체 물의 1%도 되지 않습니다.

① 우리나라는 물이 풍부한 국가이다?

② 물 경찰이 있는 나라가 있다?

③ 담수가 가장 많은 대륙은 아시아 대륙이다?

④ 수질오염의 가장 주된 원인은 생활하수이다?

---

① 우리나라는 물 부족 국가입니다. 세계 평균 강수량의 1.3배 많지만 인구밀도가 높고 강수량의 대부분이 여름에 집중이 되어 우리나라 1인당 강수량은 세계 평균의 12%에 지나지 않습니다. (X)

② 2009년 미국 로스앤젤레스에는 3개의 기관이 모여서 이루어진 물 관련 단속을 전담하는 물 경찰이 운영됩니다. (O)

③ 담수의 대륙별 분포 비율은 남극대륙이 28%, 북미가 26%, 아시아가 21%, 기타 지역이 25%를 차지하고 있습니다. (X)

④ 물이 오염 원인으로는 생활하수에서 나오는 생활폐수가 50%로 가장 많고, 농업 등의 비점오염원에서 나오는 오염배수가 42%, 기업의 공장에서 나오는 산업폐수가 8%를 차지합니다. (O)

9화. 산성비는 직접 맞지 않으면 별다른 피해가 없다?

오늘도 시민의 안전을 위해 출동한 두 사람!

오셨군요…!

도움이 필요하다고 해서 왔습니다!

9화 산성비는 직접 맞지 않으면 별다른 피해가 없다?

비나 눈에 화석 연료 사용으로 인한 대기오염 물질이 섞여 강한 산성을 띤 채 내리는 것을 산성비라고 합니다. 산성비는 직접 몸에 맞지 않더라도 우리 생활에 피해를 주고 환경을 파괴합니다. 산성비를 맞은 식물은 잘 자라지 못하고 심하면 죽기도 합니다. 또 동물의 눈이나 호흡기에 질병을 일으키기도 하고 물고기의 산란을 감소시켜 수중 생태계에도 피해를 줍니다. 산성비는 금속 철재와 콘크리트 등의 건축물, 역사적인 유물까지도 부식시켜 경제적, 문화적으로 커다란 손실을 입히기도 합니다. 특히 석회암이나 대리석으로 만들어진 동상이나 건축물은 산성비로 인해 쉽게 훼손될 수 있습니다.

① 산성비의 기준은 전 세계가 같다?

② 오염되지 않은 비도 산성이다?

③ 산성비를 맞으면 대머리가 된다?

④ 전기자동차 개발은 산성비를 줄일 수 있다?

① 우리나라에서는 수소이온농도(pH)가 5.6 이하인 비를 산성비라 하지만, 다른 나라에서는 pH 5.0 이하인 비를 산성비로 정의하기도 합니다. (X)
② 깨끗한 사도 공기 중의 이산화탄소가 녹아들기 때문에 약한 산성을 띱니다. (O)
③ 산성비를 맞으면 머리가 빠진다는 것은 과장된 이야기로 과학적인 근거는 없습니다. (X)
④ 산성비는 화석 연료 사용으로 인해 발생합니다. 화석 연료를 사용하지 않는 전기자동차 등으로 산성비를 줄일 수 있습니다. (O)

10화. 녹조는 수질오염의 원인이기도 하고 결과이기도 하다?

화창한 오후, 아파트 단지 옆 하천 길

룰루~ 오랜만에 만나러 가는 건데…

룰루~

잘 지내고 있겠지? 날이 더워서 걱정이네.

10화 녹조는 수질오염의 원인이기도 하고 결과이기도 하다?

강이나 호수에 식물플랑크톤이 많이 늘어나 물의 색깔이 녹색으로 변하는 현상을 녹조현상이라고 합니다. 녹조현상의 큰 원인은 오염물질의 유입입니다. 식물플랑크톤의 성장에는 질소와 인 등의 물질이 필요한데, 생활하수나 산업폐수에는 이러한 물질이 풍부하기 때문입니다. 여기에 물의 온도와 흐르는 속도, 일조량 등 식물플랑크톤이 자라기 적합한 환경이 갖춰지면 수면에 녹조가 발생하게 됩니다. 녹조현상이 발생하면 물속에 햇빛이 차단되어 수생식물이 광합성을 하지 못하게 되고 물속 동식물들이 산소 부족으로 죽게 됩니다. 죽은 동식물들의 사체가 부패하면서 수면에 악취가 발생하고 수중 동물들 간에 먹이 경쟁이 심해져 생태계가 교란되기도 합니다.

① 흙을 뿌려 녹조를 제거할 수 있다?

② 녹조는 빠르게 흐르는 물에 잘 생긴다?

③ 녹조는 겨울철에 잘 생긴다?

④ 식물플랑크톤은 최초의 광합성 생물이다?

① 녹조가 발생한 수면에 흙을 뿌리면 흙 입자에 녹조를 이루는 식물성플랑크톤이 달라붙어 바닥으로 가라앉게 되므로 녹조를 없앨 수 있습니다. (O)

② 녹조는 흐름이 느리거나 고여 있는 물에서 잘 발생합니다. 물의 흐름이 빠르면 햇빛을 받는 시간과 수온, 영양물질이 공급되는 시간이 짧아져 녹조가 잘 생기지 않습니다. (X)

③ 녹조는 20~30℃의 수온에서 활발히 발생합니다. 우리나라에서 여름철에 녹조현상이 활발하게 일어나는 이유입니다. (X)

④ 시생대층에 발견된 이상이에 남세균(시아노박테리아)은 광합성 작용을 통해 산소를 만들어낸 최초의 광합성 생물입니다. (O)

OX 잠깐퀴즈

11화

수질오염의 가장 큰 원인은 산업폐수다?

수질오염이란 오염된 물이 정화되지 않고 하천이나 호수로 유입되어 물을 사용할 수 없게 되거나 생물의 서식에 심각한 피해를 줄 정도로 수질이 나빠지는 것을 말합니다. 수질오염의 주원인으로는 생활하수, 산업폐수, 축산폐수가 있습니다. 이 중 양적으로 가장 큰 비중을 차지하는 생활하수는 우리가 일상생활에서 사용하고 버려지는 물을 말합니다. 최근에는 합성세제를 많이 사용하여 생활하수가 더욱 심하게 오염되고 있는데 우리가 조금만 노력해도 오염의 정도를 줄일 수 있습니다. 산업폐수는 공장이나 사업장에서 나오는 폐수를 말하며 공장에서 다양한 물건을 생산하는 만큼 다양한 오염물질을 포함하고 있고, 축산폐수는 소나 돼지 등 가축을 키우는 과정에서 주로 배설물로 인해 오염된 물을 말합니다. 산업폐수와 축산폐수는 적은 양으로도 물을 심하게 오염시키는 만큼 철저하게 정화하는 것이 중요합니다.

① 강물은 스스로 맑아진다?

② 화학비료 사용으로 축산폐수가 감소했다?

③ 오염된 물을 마시지 않으면 안전하다?

④ 오염된 물을 정화하려면 깨끗한 물이 필요하다?

OX 잠깐퀴즈

12화

사람은 일주일 이상 물을 마시지 않으면 생존이 어렵다?

우리 몸의 70~80%를 채우고 있는 물은 우리 몸 안 곳곳에서 여러 가지 일을 합니다. 물은 영양소를 필요한 곳에 운반해주고 노폐물을 밖으로 내보내는 일을 합니다. 우리 몸은 더울 때 땀을 내보내 체온을 조절하는데 이 땀도 대부분 물로 되어 있습니다. 그리고 음식물을 소화하기 위해 필요한 소화액도 물이 없으면 만들어지지 않습니다. 물은 몸 안의 장기를 감싸서 외부로부터 갑작스러운 충격으로부터 장기를 보호하는 역할도 합니다. 건강한 피부와 근육을 만들고 유지하기 위해서도 물이 필요하고 관절에서는 물이 윤활유 역할을 합니다.

① 운동 중에는 물을 마시지 않는 것이 좋다?

② 다이어트를 할 때는 물을 마시지 않는 것이 좋다?

③ 몸 안에 물이 부족하면 병에 걸린다?

④ 물은 마음을 차분히 가라앉히는 효과가 있다?

OX 잠깐퀴즈

13화

꿀벌이 멸종하면 세계적인 식량난이 생긴다?

꿀벌은 꿀 1kg을 얻기 위해 약 4만km를 이동하며 광범위하게 넓은 지역에서 여러 식물의 수분을 돕는 역할을 합니다. 인류가 먹는 100대 농산물 생산량의 약 70%가 꿀벌의 수분에 의해 생산된다고 합니다. 그런데 최근 꿀을 가져오는 일벌들이 집에 돌아오지 못해 유충과 여왕벌이 굶어 죽는 일이 전 세계적으로 발생하고 있습니다. 심지어 미국에서는 꿀벌이 멸종 위기종으로 지정되기도 하였습니다. 이러한 현상의 구체적인 원인은 아직 정확히 밝혀지지 않았지만 학계에서는 살충제의 무분별한 사용, 지구온난화, 환경오염 등을 원인으로 추정하고 있습니다. 천재 물리학자 알베르트 아인슈타인은 "꿀벌이 사라지만 인간도 멸종할 것이다."라는 말을 남겼습니다. 꿀벌이 멸종되지 않도록 정확한 원인을 찾고 이에 대한 대책을 마련해야 할 때입니다.

① 우리나라는 식량 부족 국가이다?

② 전 세계 인구의 7분의 1이 굶주리고 있다?

③ 지구온난화가 식량난을 부추긴다?

④ 고기만 먹으면 식량난을 해소할 수 있다?

① 우리나라는 식량 자급률이 약 70%를 수입에 의존하고 있어 매우 심각한 식량 부족 국가에 속하고 있습니다. (O)
② 전 세계적으로 약 10억 명의 사람들이 굶주리고 있고, 매일 약 25,000명이 굶어 죽고 있습니다. 전 세계 인구가 70억 명의 7분의 1로 약 10억 명 주리고 있습니다. (O)
③ 세계 최대 식량공급지역인 북아메리카 중부 평야 지대의 이상 기온으로 인한 가뭄으로 옥수수와 밀 등의 곡물 수확량이 감소하고 있고, 이로 인해 식량난이 가중되고 있습니다. (O)
④ 사람들이 즐겨 먹는 소고기 1kg을 얻기 위해서는 옥수수 같은 곡물 사료가 최소 8kg 정도 필요합니다. 고기만 먹는다고 해서 식량난이 해결되지 않습니다. (X)

OX 잠깐퀴즈

14화

나무도 나이가 들면 이산화탄소 흡수력이 점점 줄어든다?

이산화탄소를 흡수하고 고정하는 능력으로는 나무가 으뜸입니다. 하지만 나무도 나이를 먹으면 이산화탄소를 흡수도 방출도 하지 않는 정지된 상태가 되게 됩니다. 충분히 자란 나무는 베어내고 그 자리에 어린나무를 심어주면 새로운 나무가 자라면서 다시 이산화탄소가 흡수되고 이산화탄소의 누적 저장량은 점차 늘어날 수 있습니다. 한편 베어내어 목재가 된 나무를 가구 등으로 가공해 오랫동안 유용하게 사용하면 결과적으로 이산화탄소를 목재 속에 오래도록 저장해두는 효과를 얻게 됩니다.

① 아픈 나무를 치료하는 의사가 있다?

② 우리나라에 가장 많은 나무는 소나무이다?

③ 나무의 나이는 베어봐야 알 수 있다?

④ 우리나라 국토의 절반 이상은 숲이다?

① 수목의사라고 하여 아픈 나무를 치료하고 다양한 수목 관리의 대응능력을 가지고 있습니다. (O)
② 우리나라에 가장 많은 나무는 참나무입니다. (X)
③ 나무의 나이는 베지 않고 나이테를 측정하는 방법과 생장추를 이용해 재는 방법이 있습니다. (X)
④ 우리나라 국토 면적의 63%가 숲으로 덮여 있습니다. (O)

15화. 수은이 축적된 어류를 섭취하면 수은 중독에 걸릴 수 있다?

15화 수은이 축적된 어류를 섭취하면 수은 중독에 걸릴 수 있다?

생선은 칼로리가 낮고 단백질 함량이 높으며 다양한 비타민과 무기질이 풍부해 건강에 매우 좋은 식품입니다. 그러나 산업화로 인해 수질이 오염되면서 생선 속 중금속에 대한 위험이 증가하고 있습니다. 특히 심해에 사는 큰 어종의 경우 먹이사슬 위에 있고 수명이 길기 때문에 중금속이 함유돼 있을 위험이 상대적으로 큰 편입니다. 중금속은 우리 몸에 한 번 들어오면 빠져나가지 않고 축적되어 다양한 문제를 일으킵니다. 중금속에 취약한 임산부나 어린이는 대형 어종 섭취를 피하고 생선 섭취량을 조절하는 등 생선 섭취에 주의를 기울여야 합니다.

① 생선을 먹으면 기억력과 학습능력이 향상된다?

② 생선을 잘못 요리하면 오히려 몸에 해롭다?

③ 참치 통조림은 많이 먹어도 안전하다?

④ 연어는 수은 함량이 높다?

① 생선의 오메가 지방산은 두뇌발달을 활성화시키고 기억력과 학습능력을 향상시키는 등 성장에 도움이 됩니다. (O)
② 생선은 고온에 구울 때 기름이 튀거나 생선이 타면서 발암물질이 생성될 수 있습니다. 또한 너무 기름에 튀기거나 구우면 몸에 해로울 수 있습니다. (O)
③ 참치 통조림은 주로 가다랑어로 만들기 때문에 수은 함량이 낮은 편이지만 과도한 섭취는 몸에 좋지 않습니다. (X)
④ 연어는 북태평양 등 깊은 바다에 사는 대표적인 생선입니다. 하지만 먹이사슬의 중간에 있고 사람들이 즐겨 먹는 종류에 비해 수은 함량이 낮은 편입니다. (X)

16화 나뭇잎이 영양분을 만들 때 산소도 만들어진다?

나무는 우리 생활에 필요한 목재를 제공해 주기도 하지만 광합성을 통해서 많은 일을 하고 있습니다. 광합성은 식물이 햇빛을 받아 스스로 양분을 만들어 내는 작용입니다. 나무가 광합성을 할 때는 햇빛, 물과 함께 이산화탄소가 필요하며 광합성 결과 산소를 내뿜게 됩니다. 또한 나무는 오존을 흡수하여 대기를 정화하는 역할을 합니다. 오존층은 자외선을 차단하는 기능을 하지만 대기 중 오존은 독성이 있어 인체에 피해를 주기도 합니다. 그뿐만 아니라 나무는 잎의 기공을 통해 물이 증발하는 증산 작용으로 주변의 온도를 낮춰주며 동물과 곤충들의 식량이자 보금자리 역할을 합니다.

① 나무 안에서 물은 중력을 거슬러 이동한다?

② 지구의 절반 이상은 숲이다?

③ 옛날에는 식물이 흙만 먹고 사는 줄 알았다?

④ 무심코 버린 생수병이 산불의 원인이 될 수 있다?

① 나무는 가장 높이 있는 부위까지 뿌리에서 물과 영양분을 공급해주기 위해 중력을 거슬러 이동시킵니다. (O)
② 지구의 30%가 숲으로 덮여 있습니다. (X)
③ 식물이 성장하는 데에 영양분 외에는 다른 것이 필요치 않은 줄 알았지만, 20세기 이전까지 사람들은 식물이 자라는 것이 오직 흙의 영양분 덕분이라고 생각했습니다. (O)
④ 햇빛이 강한 날에 생수병에 든 물이 볼록렌즈 역할을 하여 열을 집중시키고 산불의 원인이 될 수 있다고 합니다. (O)

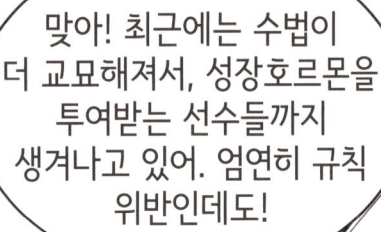

OX 잠깐퀴즈

17화

환경호르몬은 인체에 유익한 호르몬이다?

호르몬은 우리 몸 안에서 만들어지며 신체의 각 기능이 정상적으로 작동하도록 하고, 키를 자라게 하거나, 남성과 여성의 특징을 드러나게 하는 등의 역할을 하는 물질입니다. 그런데 인간이 만든 환경 오염 물질 중에는 우리 몸속의 호르몬과 비슷한 물질들이 있는데 이를 환경호르몬이라고 합니다. 환경호르몬이 우리 몸에 들어오면 호르몬처럼 작용하기 때문에 우리 몸이 제 기능을 못 하고 혼란에 빠지게 됩니다. 환경호르몬은 사람뿐 아니라 동물에게도 나쁜 영향을 끼치는데 기형 동물이 태어나거나, 새끼를 낳을 수 없게 되기도 합니다. 특히 성장기의 어린이들은 환경호르몬에 더욱 취약하므로 환경호르몬에 노출되지 않도록 많은 주의를 기울여야 합니다.

① 호르몬은 혈액을 타고 이동한다?

② 환경호르몬에 노출되면 IQ가 떨어질 수 있다?

③ 환경호르몬을 피하려면 음식물을 플라스틱 용기에 담는 것이 좋다?

④ 환경호르몬을 피하려면 유기농 채소를 먹는 것이 좋다?

① 호르몬이 혈액을 타고 이동하여 신체의 각 기관에 영향을 주기 때문에 사용합니다. (O)
② 환경호르몬이 몸에 쌓이면 뇌의 용량이 줄어들어 운동신경 반응 능력 저하, 기억력 감퇴 등의 영향이 있을 수 있습니다. (O)
③ 플라스틱 용기 대신 유리나 도자기 용기에 음식물을 담는 것이 좋습니다. (X)
④ 유기농 재배는 농약을 뿌리지 않고 키운 것이므로 대신 안전 채소를 먹는 것이 안전합니다. (O)

18화. 소나무 한 그루는 1년에 3kg 이상의 탄소를 제거할 수 있다?

이곳은 세상에서 가장 강한 전사들이 모이는 가게!

오늘은 어떤 전사들이 오려나?

…왔군!

척!

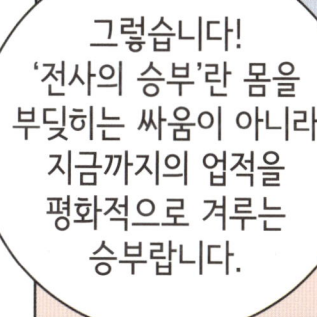

18화 소나무 한 그루는 1년에 3kg 이상의 탄소를 제거할 수 있다?

나무는 광합성 작용을 하면서 대기 중의 이산화탄소를 흡수하고 저장합니다. 지구온난화가 심화하면서 유일한 탄소흡수원으로서 나무의 중요성이 더욱 주목받고 있습니다. 축구장 넓이에 해당하는 소나무 숲은 승용차 3대가 배출하는 온실가스를 흡수합니다. 또 30년생 소나무 10그루는 승용차로 서울에서 부산까지 갈 때 배출하는 양만큼의 이산화탄소를 빨아들일 수 있으며 소나무 한 그루가 일 년 동안 흡수하는 이산화탄소의 양은 6.6kg에 달합니다. 승용차의 사용 빈도를 10% 줄이면 매년 소나무를 1.7그루 심는 것과 같은 효과가 있다고 합니다.

① 우리나라의 숲은 꾸준히 감소하고 있다?

② 활엽수가 침엽수보다 이산화탄소를 잘 흡수한다?

③ 나무는 줄기와 토양에 이산화탄소를 저장한다?

④ 나무는 죽어서도 탄소를 머금고 있다?

① 우리나라의 산림면적은 국토의 약 64%로 경제개발이 진행되기 전까지는 꾸준히 감소하였지만, 식림을 통해 증가하기 시작한 지 40여 년 만에 11배나 증가했다고 합니다. (X)
② 활엽수가 침엽수보다 이산화탄소를 더 잘 흡수합니다. 우리나라의 온실가스 흡수량은 연간 이산화탄소 4,000만톤 정도인데 활엽수가 침엽수보다 흡수량이 많습니다. (O)
③ 나무는 광합성을 통해 흡수한 이산화탄소를 줄기 뿐 아니라 토양에도 저장합니다. (O)
④ 나무는 베어 땅에 쓰러져도 나무기둥 자체에 탄소를 머금고 있는 상태입니다. (O)

19화 우리나라는 원자력 발전소에서 가장 많은 전기를 만들어낸다?

자연 속에서 존재하는 여러 에너지를 전기에너지로 바꾸는 곳을 발전소라고 합니다. 우리나라에서는 주로 화력, 원자력, 수력 발전소에서 전기를 생산합니다. 화력 발전소는 화석연료가 연소할 때 발생하는 열에너지를 이용하는 방식으로, 현재 우리나라에서 가장 많은 전기를 만들어내고 있습니다. 발전소 건설이 쉬우나 환경을 오염시키는 단점이 있습니다. 원자력 발전소는 우라늄과 같은 방사성 물질의 핵분열 과정에서 발생하는 열에너지를 이용하는 방식으로, 전기 생산 효율이 높고 비용이 저렴하나 원전 사고의 위험이 단점입니다. 수력 발전소는 물이 떨어지는 힘을 이용하는 방식으로 공해가 없으나 건설 비용이 많이 들고 지을 수 있는 곳이 한정적인 단점이 있습니다.

① 햇빛을 이용해 전기를 만들 수 있다?

② 화력 발전소는 해안가에만 지을 수 있다?

③ 마그마를 이용하는 발전소가 있다?

④ 전 세계적으로 원자력 발전소는 감소하고 있다?

① 햇빛을 이용한 태양광발전소가 있습니다. 해, 바람, 파도, 지열 등을 이용한 친환경발전소도 있습니다. (O)
② 화력 발전소는 미세먼지가 많이 발생하지만 꼭 해안가에만 지을 수 있는 것은 아닙니다. (X)
③ 마그마에 있는 열을 이용하는 지열발전소가 있습니다. (O)
④ 원자력 발전소 폐쇄 비용이 높은 이유 등으로 전 세계 원자력 발전소는 늘어나고 있습니다. 하지만 후쿠시마 원전 사고 이후 원자력 발전소를 줄이려는 국가가 늘어나고 있습니다. (X)

20화. 원자력 발전은 '방사성 물질'로만 가능하다?

하루 일과가 끝난 종례 시간

자, 모두 자리에 앉자. 종례 시간이야.

오늘도 수업 듣느라 다들 수고가 많았어~

오늘 마지막으로 전해 줄 소식은 바로 이 종이에 적혀있으니 다들 읽어보렴.

OX 잠깐퀴즈

20화

원자력 발전은 '방사성 물질'로만 가능하다?

기존의 원자력 발전은 우라늄이나 플루토늄과 같은 무거운 원자핵이 분열을 할 때 발생하는 열에너지를 이용하여 전기를 만드는 핵분열 방식입니다. 반면 핵융합 원자력 발전은 중수소와 같은 가벼운 원자핵 2개가 하나의 원자핵으로 융합될 때 발생하는 막대한 에너지를 이용하는 발전 방식입니다. 핵융합 반응은 핵분열 반응과는 비교할 수 없는 초고열을 발생시킬 수 있어 실용화되면 인류의 에너지 고민은 거의 해결될 수 있습니다. 또한 탄소가스나 방사성 폐기물도 생기지 않아 친환경적이고 안전하기 때문에 친환경 미래 에너지로 불리고 있습니다. 단 핵융합에는 지구에 존재하지 않는 초고온의 플라스마 상태를 유지하고 이것을 가둘 수 있는 핵융합 장치가 필요하기 때문에 세계 여러 나라가 상용화를 위해 연구를 계속하고 있습니다.

① 태양도 핵융합 반응을 이용해 에너지를 만든다?

② 우리나라는 핵융합 발전 연구에 뒤처져 있다?

③ 핵융합 발전은 100% 안전하다?

④ 핵융합 발전은 연료가 풍부하다?

① 태양은 거대한 별 덩어리로 태양 중심의 온도는 1억 5천만 도의 초고온 고압 상태이기 때문에 자연적으로 핵융합 반응이 일어나 엄청난 에너지를 발생시킵니다. (O)

② 우리나라는 한국형 핵융합실험장치인 KSTAR를 독자적으로 개발하여 핵융합 발전 연구 분야를 선도하고 있습니다. (X)

③ 핵융합 발전은 원료를 공급하지 않으면 3~5초만에 장치가 스스로 멈추고 사고 발생 시 외부에 유출되는 방사능 물질도 거의 없어 원자력 발전에 비해 100% 안전합니다. (O)

④ 핵융합의 원료인 중수소는 바닷물에서 쉽게 얻을 수 있으며, 바닷물 1L로부터 중수소를 분리하여 얻을 수 있는 에너지는 휘발유 300L 이상 사용할 수 있는 양이라고 합니다. (O)

21화 태양광과 태양열은 같은 것이다?

어마어마한 에너지원인 태양이 내뿜는 에너지는 태양광과 태양열로 구분됩니다. 태양광은 말 그대로 태양의 빛을 의미하며 태양광 발전을 통해 전기를 생산할 수 있습니다. 태양광 발전은 반도체로 만들어진 태양전지에 태양광을 받아 전자의 이동으로 전기가 발생하는 원리인 광전효과를 이용해 빛에너지를 직접 전기에너지로 바꾸어 발전하는 방식입니다. 태양열은 뜨거운 태양으로부터 지구에 도달하는 열을 말합니다. 태양열 발전은 집열판으로 열에너지를 모아 물을 끓인 다음 직접 건물의 온수나 난방에 이용하거나, 발생하는 증기를 이용해 터빈을 돌려 전기를 생산하는 방식입니다. 태양 에너지를 이용한 발전은 친환경적이고 자원이 무한하기 때문에 친환경 미래 에너지로 각광받고 있습니다. 하지만 아직 날씨의 영향을 많이 받아 전력 생산이 일정하지 않다는 단점이 있어 지속적인 연구 개발이 이뤄지고 있습니다.

① 태양광 발전은 태양열 발전보다 많은 공간이 필요하다?

② 태양 에너지는 영원히 이용할 수 있다?

③ 태양광 발전은 위성의 전력 공급에 사용된다?

④ 태양열을 이용해 요리할 수 있다?

답: (O)

① 태양광 발전은 태양열 발전에 비해 더 넓은 공간에 태양전지 판을 설치해야 많은 양의 전기를 생산할 수 있기 때문에 더 많은 공간이 필요합니다. (O)
② 지구 45억 년간 태양 에너지를 생산해왔습니다. 앞으로도 64억 년 후에 태양은 더 이상 에너지를 만들어내지 못하게 됩니다. (X)
③ 태양광 발전은 태양이 있는 곳이라면 어디든 사용할 수 있어 우주에서도 태양광 발전을 사용하고 있습니다. (O)
④ 태양열 이용은 오래된 역사를 가지고 있습니다. 최초의 태양열 조리기구는 1767년 스위스의 박물학자 니콜라 드 소쉬르가 만들었습니다.

OX 잠깐퀴즈

22화
음식물 쓰레기는 재활용이 불가능하다?

매일 버려지는 쓰레기 전체 양의 약 4분의 1을 차지하는 음식물 쓰레기의 처리는 매우 중요한 환경 문제입니다. 음식물 쓰레기는 건조 중량 기준 발열량이 많고 유기성 물질로 영양소도 충분해 다양한 방법으로 재활용되고 있습니다. 음식물 쓰레기를 발효시키면 일반 가정이나 음식점에서도 훌륭한 유기농 퇴비를 만들 수 있습니다. 또한 음식물 쓰레기는 일반 사료보다 영양분 함량이 2배 이상 높아 사료로 재활용할 수 있습니다. 음식물 쓰레기를 연료로 사용하려는 노력도 계속되고 있습니다. 대표적으로 음식물 쓰레기에서 배출되는 바이오가스를 발전이나 열 에너지원으로 사용하는 것으로 최근에는 바이오에너지를 차량 연료 및 도시가스로 사용하는 기술이 개발되기도 했습니다.

① 동물이 먹을 수 없는 것은 음식물 쓰레기가 아니다?

② 음식물 쓰레기를 냉동고에 보관해도 괜찮다?

③ 음식물 쓰레기는 물기를 제거하여 버린다?

④ 지렁이로 음식물 쓰레기를 처리할 수 있다?

① 음식물 쓰레기의 양을 줄이기 위해 음식물 쓰레기가 될 만한 것은 사지 않는 것이 좋습니다. (O)
② 음식물 쓰레기를 냉동고에 보관하면 세균이나 곰팡이의 증식을 막을 수 있습니다. (X)
③ 물기가 많은 음식물 쓰레기는 재활용이 어렵고 냄새가 나기 때문에 물기를 꼭 제거해야 합니다. (O)
④ 지렁이를 키워 음식물 쓰레기를 처리하는 방법은 농가에서 자신이 먹다 남은 음식물쓰레기를 이용하여 실천하기 좋은 방법입니다. 또한 배 설물은 훌륭한 재료 거름으로 활용할 수 있습니다. (O)

23화. 우리나라는 쓰레기 재활용률이 높은 나라다?

세계의 중요한 문제를 회의하는 오늘!

부아앙

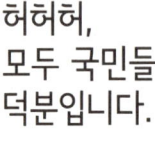

23화 우리나라는 쓰레기 재활용률이 높은 나라다?

우리나라의 쓰레기 재활용률은 59%로, 65%인 독일 다음으로 세계에서 2번째로 쓰레기 재활용률이 높은 나라입니다. 쓰레기 종량제와 분리수거가 생활화된 덕분에 쓰레기 배출량을 최소화하고 재활용을 늘릴 수 있었습니다. 그러나 우리나라는 플라스틱 사용량이 세계 1위이고, 1인당 포장용 플라스틱 사용량도 세계에서 2번째로 많은 나라입니다. 재활용 쓰레기를 많이 쓰는 만큼 열심히 분리해서 버리고 있다고 볼 수 있습니다. 이제부터라도 제품을 만드는 단계부터 실생활에까지 일회용품 등 사용을 자제하고 재활용 쓰레기의 배출량을 줄이려는 노력이 함께 필요합니다.

① 모든 종이는 재활용할 수 있다?

② 과자봉지는 일반 쓰레기다?

③ 스티로폼은 재활용할 수 있다?

④ 페트병에 이물질을 넣어 버려도 된다?

① 우표지, 금박 등 코팅된 종이는 재활용이 되지 않습니다. (X)
② 과자봉지 재활용 표시가 있지만 과자봉지가 깨끗한 경우 일반쓰레기입니다. (X)
③ 스티로폼은 재활용이 됩니다. 단, 음식 국물, 고추장 등 다양한 색깔과 재질이 섞여있으면 일반쓰레기입니다. (O)
④ 페트병은 이물질이 들어있으면 재활용이 되지 않기 때문에 씻고 비운 후 버려야 합니다. (X)

OX 잠깐퀴즈

24화

일회용품을 많이 쓸수록 환경보존에 도움이 된다?

우리나라에서 하루 동안 쓰이는 일회용품의 양은 1,035톤이며, 한 해 38만 톤이 사용되고 있습니다. 1년간 일회용품으로 인해 발생하는 쓰레기 처리비용만 약 1,000억 원에 이릅니다. 모든 일회용품은 화석 연료를 사용해 만들어지며 그 생산 과정에서부터 각종 오염물질이 배출되고 자원이 낭비됩니다. 이렇게 만들어진 일회용품은 한번 사용 후에 대부분이 땅속에 매립됩니다. 일회용품이 완전히 분해되기까지는 우유 팩이 5년, 일회용 컵이 20년, 칫솔이 100년, 플라스틱이나 스티로폼은 500년 이상이 걸립니다. 일회용품은 분해되는 과정에서도 각종 환경호르몬을 배출하고 심한 악취와 가스를 내뿜어 토양과 하천 등 자연환경을 심각하게 오염시키게 됩니다.

① 우리나라 1인당 비닐봉지 사용량은 핀란드의 100배가 넘는다?

② 땅속에 묻힌 일회용 기저귀는 아이가 100살이 되어도 지구에 남아 있다?

③ 케냐에서는 비닐봉지 사용이 금지되어 있다?

④ 일회용 나무젓가락의 사용으로 사막이 늘어난다?

① 우리나라의 연간 비닐봉지 사용량은 1인당 420장입니다. 우리나라의 연간 비닐봉지 사용량은 핀란드의 100배가 넘습니다. (O)
② 땅속에 묻힌 일회용 기저귀가 완전히 분해되기까지 걸리는 시간은 100년입니다. (O)
③ 케냐에서는 동물들이 비닐봉지를 먹고 장기간 쌓여 사망기도 하여 환경오염과 동물보호를 위해 비닐봉지의 사용을 금지하였습니다. (O)
④ 중국에서는 일회용 나무젓가락을 만들기 위해 수많은 나무가 잘려나갑니다. 중국 그리고 나라가 매년 250만 그루의 나무가 잘려져 헐벗어가고 있으며 가장 많아이 몸쪽인 풍요로움에 사막이 생기고 있습니다. (O)

OX퀴즈 서바이벌100
신기한 과학 이야기 3

초판 인쇄일 | 2018년 10월 26일
초판 발행일 | 2018년 11월 01일

글쓴이 | 윤나라
그린이 | 박은숙
감   수 | 전순옥(회룡초등학교 교사)

펴낸곳 | 버즈파우더(주)
펴낸이 | 박진우 · 박인호
편   집 | 김지욱
마케팅 | 김찬 · 박영국

주   소 | (07574) 서울특별시 강서구 양천로 452, A동 407호
전   화 | (070) 4077-1100
팩   스 | (070) 7500-2025
이메일 | odir@naver.com
홈페이지 | https://game.nanoo.so/oxquizsurvival

등록번호 | 제2018-000027호
등록일 | 2018년 2월 27일

이 책은 저작권법에 따라 보호를 받는 저작물이므로 (주)버즈파우더의 동의 없이
이 책에 실린 글과 그림을 인용·복제하거나, 전산장치에 저장·전파할 수 없습니다.

ⓒ 버즈파우더(주) 2018
ISBN 979-11-963353-2-8(67450)
잘못된 책은 구입하신 서점에서 교환해 드립니다.

표지 · 본문 | 버즈파우더(주), design창(010·9135·6994)